TABLE OF CONTENTS

1. Bolay churiyan — 3
2. Mehendi hai rachne wali — 6
3. Laal dupatta — 8
4. Raja ki ayegi baraat — 10
5. Sajan sajan teri dulhan — 11
6. Mehendi ki raat ayi — 14
7. Likh ke mehendi se sajna ka naam — 16
8. Mahi aweiga mei phulaan naal — 18
9. Mehendi rachegi tere haath — 20
10. Mehendi lagaon gi mei sajna ke naam ki — 23
11. Meri banno ki ayegi baraat — 24
12. Mere haathoon mei nau nau churiyaan hain — 26
13. Gali meh aj chaand nikla — 28
14. Pairoon meh bandhan hai — 29
15. Dheeme dheeme gaon — 32
16. Ek din ap yun humko miljayenge — 35
17. Dama dam mast qalandar — 37
18. Taali de thallay — 38
19. Pardesiya yeh sach hai piya — 40
20. Aj kal tere mere pyar ke charchay — 42
21. Sajan ji gher aye — 44
22. Maine payal hai chankayi — 47
23. Chitta kukkar — 49
24. Maye ni maye mundair pe tere — 50
25. Palki meh hoke sawar — 51
26. Banno ki saheli — 53
27. Dholi taro dhol bajay — 57
28. Ghar aya mera pardesi — 63
29. ayi mehndi ki yeh raat — 64
30. Mere nehar se aj mujhe aya — 67
31. Hath meh zard rumaal — 68
32. Mathhay te chamkan waal — 69
33. Bhoomro Bhoomro — 70

Bole churiyan

Bole chudiyan bole kangana
Haay main ho gayi teri saajna
Tere bin jiyo naiyo lagda
Main te margaiyaan
Lehja lehja dil lehja lehja
Soniye lehja lehja
Lehja lehja dil lehja lehja
Soniye lehja lehja x3

Haay haay main mar
Jaava mar jaava tere bin
Ab to meri raatein
Kati taare gin gin
Bas tujhko pukara kare
Meri bindiya ishaara kare
Lashkara lashkara
Teri bindiya ka lashkara
Aise chamke jaise chamke
Chand ke pass sitaara

Meri payal bole tujhe
Jo roothe manaye tuhje
Oh sajan ji haan sajan ji
Kuch socho kuch
Samjho meri baat ko

Bole chudiyan bole kangana
Haay main ho gaya tera saajna
Tere bin jiyo naiyo
Lagda main te mar jaava
Lehja lehja soniye lehja
Lehja dil lehja lehja

Apni maang suhaagan ho
Sang hameshaa sajan ho
Aake meri duniya
Mein wapas na jaana
Sehra baand ke maahi
Tu mere ghar aana
Soni kithi soni
Aaj tu lagdi weh
Bas mera saath yeh
Jodi teri sajdi weh

Roop aisa suhana tera
Chand bhi deewaana tera
Ja re oh ja joothe
Teri gala hum na mane
Kyon taare se karta hai
Tu humko sab kuch jaane

Meri dil ki dua yeh kahe
Teri jodi salamat rahe

Oh sajan ji oh sajanji yun hi
Bite saara jeevan saath mein
Bole chudiyan bole kangana
Haay main ho gaya tera saajna

Tere bin jiyo naiyo lagda
Main te mar jaava
Lehja lehja soniye lehja
Lehja dil lehja lehja

MEHENDI HAI RACHNE WALI

Mehndi Hai Rachnewaali,
Haathon Mein Gehri Laali
Kahe Sakhiyaan, Ab Kaliyaan
Haathon Mein Khilnewaali Hain
Tere Mann Ko, Jeevan Ko
Nayi Khushiyaan Milnewaali Hai X2

O Hariyali Banno
Le Jaana Tujhko Guiyyaan Aane Waale Hai Saiyyaan
Thaamenge Aake Baiyyaan, Goonjegi Shehnaayi
Angnaayi, Angnaayi

Mehndi Hai Rachnewaali,
Haathon Mein Gehri Laali
Kahe Sakhiyaan, Ab Kaliyaan

Haathon Mein Khilnewaali Hain
Tere Mann Ko, Jeevan Ko
Nayi Khushiyaan Milnewaali Hai

Gaaye Maiya Aur Mausi, Gaaye Behna Aur Bhabhi
Ke Mehndi Khil Jaaye, Rang Laaye Hariyaali Banni
Gaaye Phoofi Aur Chaachi, Gaaye Naani Aur Daadi
Ke Mehndi Mann Bhaaye, Saj Jaaye Hariyaali Banni

Mehndi Roop Sanwaare, O Mehndi Rang Nikhaare, Ho
Hariyaali Banni Ke Aanchal Mein Utrenge Taarein
Mehndi Hai Rachnewaali, Haathon Mein Gehri Laali
Kahe Sakhiyaan, Ab Kaliyaan
Haathon Mein Khilnewaali Hain
Tere Mann Ko, Jeevan Ko
Nayi Khushiyaan Milnewaali Hai

Gaaje, Baaje, Baraati, Ghoda, Gaadi Aur Haathi Ko
Laayenge Saajan Tere Aangan, Hariyaali Banni
Teri Mehndi Woh Dekhenge
To Apna Dil Rakhdenge Woh
Pairon Mein Tere Chupke Se, Hariyaali Banni
Mehndi Roop Sanwaare, O Mehndi Rang Nikhaare, Ho
Hariyaali Banni Ke Aanchal Mein Utrenge Taarein

Mehndi Hai Rachnewaali, Haathon Mein Gehri Laali
Kahe Sakhiyaan, Ab Kaliyaan
Haathon Mein Khilnewaali Hain
Tere Mann Ko, Jeevan Ko
Nayi Khushiyaan Milnewaali Hai

LAAL DUPATTA

Laal dupatta ud gaya re
Bairi hawa ke jhonke se X2
Mujhko piya ne dekh liya
Haai re dhoke se

Manaake mujhe dil dega wo
magar meri jaan lega wo X2

Laakh chhupaaye baithi thi
Main apne chaand se chehre ko
Ek pal mein hi tod diya
Bairan hawa ne pehre ko

Ho tere chehre ka jaana
Kuch aisa jaadu chhaa gaya
Mere chaand ko dekhkar
Chaand bhi sharma gaya

Mujhe sharm si aaye - Hai tauba
O mera dil ghabraaye - Hai Tauba

Arre aa baahon mein
Chook na jaaye aise mauke se

Tujhko piya ne dekh liya
Haai re dhoke se
Manaake tujhe dil dega wo
Magar apni jaan dega wo X2

Haai maheka maheka yeh sama
Kehne laga aa pyaar kar

Mere sone yaar tu
Dilbar se ikraar kar

Ho tere pyaar ki khushboo
Meri saanson mein sama gayi

Le sajna sab chhod main
Tere peechhe peechhe aa gayi
Tujhe pyaar ho gaya ikraar ho gaya
Arre ab to roke na rukun

Main kisi ke roke se
Mujhko piya ne dekh liya
Haai re dhoke se
Manaake mujhe dil dega

RAJA KI AYEGI BARAAT

Raja Ki Aayegi Baaraat Rangili Hogi Raat
Magan Main Nachoongi Ho Magan Main Nachoongi
Raja Ki Aayegi Baaraat

Raja Ke Maathe Tilak Lagega
Rani Ke Maathe Sindoor
Rani Ke Maathe Sindoor
Main Bhi Apne Man Ki Asha Poori Karoongi Zaroor
Poori Karoongi Zaroor

Mehndi Se Pehle Honge Haath Saheliyon Ke Saath
Magan Main Nachoongi Ho Magan Main Nachoongi
Raja Ki Aayegi Baaraat

Rani Ke Sang Raja Dole Sajaate Chale Jayenge Pardes
Chale Jayenge Pardes
Jab Jab Unki Yaad Aayegi Dil Pe Lagega Thes
Dil Pe Lagega Thes

Nainon Se Hogi Barsaat Andheri Hogi Raat
Magan Main Nachoongi Ho Magan Main Nachoongi
Raja Ki Aayegi Baaraat

SAJAN SAJAN TERI DULHAN

Chaandni Raat Taaron Ki Baaraat Hai
Dil Ki Mehfil Sajaane Mein Kya Der Hai, Kya Der Hai

Dhadkanein Dil Ki Shehnaaiyaan Ban Gayi
Ab To Saajan Ke Aane Mein Kya Der Hai, Kya Der Hai

Meri Zindagi Mera Pyaar Yaad Aa Raha Hai
Aane Waala Hai Jo, Voh Yaad Aa Raha Hai

Saajan Saajan Teri Dulhan Tujhko Pukaare Aa Jaa
akar Mere Haathon Mein Mehndi Tu Hi Racha Jaa X2

Aa Jaa, Aa Jaa, Aa Jaa

O, Meri Zindagi Mera Pyaar Yaad Aa Raha Hai
Aane Waala Hai Jo, Voh Yaad Aa Raha Hai

Saajan Saajan Teri Dulhan Tujhko Pukaare Aa Jaa
Aakar Mere Haathon Mein Mehndi Tu Hi Racha Jaa

Aa Jaa, Aa Jaa, Aa Jaa

Paayal Kaajal Kangan Daaman, Saare Tujhe Bulaaye
Aa Jaa Saajan, Aa Jaa Tere Apne Tujhe Bulaaye

Aa Jaa Aa Jaa, Saajan Aa Jaa

Mere Mehboob, Mere Hamsafar
Tujhko Kya Pata, Hai Tujhe Kya Khabar

Ehsaan Tere Kitne Hai Mujhpar
Rab Pe Yakeen Hai Jitna, Utna Hai Tujhpar

Aa Jaa, Aa Jaa, Aa Jaa

Mera Mehboob Mera Sanam Aa Raha Hai
Hum To Mar Hi Chuke The, Phir Janam Aa Raha Hai

Saajan Saajan Teri Dulhan Tujhko Pukaare Aa Jaa
Aakar Mere Haathon Mein Mehndi Tu Hi Racha Jaa

Aa Jaa, Aa Jaa, Aa Jaa

Chunri Meri Rangeen Hui Hai Tere Rang Se Saajan
Aakar Rang De Mera Ang Ang Apne Rang Se Saajan

Aa Jaa Aa Jaa, Saajan Aa Jaa

Tumse Vafaayein Bahut Main Karoongi
Kasam Teri Ab Yeh Dil Kisi Ko Na Doongi

Aa Tujhe Bata Doon Mere Dil Mein Kya Hai
Dil Lene Waale Tujhe Jaan Apni Doongi
Aa Jaa, Aa Jaa, Aa Jaa

Dhadkanein Badh Rahi Hai, Voh Kareeb Aa Raha Hai
Khushnaseebi Banke Mera Voh Naseeb Aa Raha Hai

Saajan Saajan Teri Dulhan Tujhko Pukaare Aa Jaa
Aakar Mere Haathon Mein Mehndi Tu Hi Racha Jaa

Chaandni Raat Taaron Ki Baaraat Hai
Dil Ki Mehfil Sajaane Mein Kya Der Hai, Kya Der Hai

Dhadkanein Dil Ki Shehnaaiyaan Ban Gayi
Ab To Saajan Ke Aane Mein Kya Der Hai,
Kya Der Hai

MEHENDI KI RAAT AYI

Mehndi ki raat aayee, mehndi ki raat X3

Dekhe koyee kisi larki ke haath
Khooshiyoon bhare, armanoon bhare
Mehndi tale kai sapno ko sab se
chupaaye hue
sharmaaye hue

Mehndi ki raat aayee, mehndi ki raat X2

Hum bhi gaye.. ek mehfil main
Rangoon bhari.. us mehfil main
Khushboo thi haathoon main
Jadoo tha chehroon pe
Ankhon main tha ek nasha.. hooo
ankhon main tha ek nasha
Hum ne to aisa nazara kabhi
kaheen dekha na tha
kabhee socha na tha

Mehndi ki raat aayee, mehndi ki raat X2

Hum bhi milay.. ek khushboo se
Batain hoween.. ek jadoo se
Batoon main baat barhee
Jane kab raat dhalee
Dono meh ek ne lage hooo

Dono meh ek ne lage
Dholak ka shor raha
sargoshiyoon ko dabaye hue
Sab chupayee hue

Mehndi ki raat aayee, mehndi ki raat

Dekhe koi kisi larki ke haath
Mehndi ki raat aayee, mehndi ki raat

Dekhe koi kisi larki ke haath

LIKH KE MEHENDI SE SAJNA KA NAAM

Hatho Mein In Hatho Mein
Likh Ke Mehndi Se Sajna Ka Naam X2

Hatho Mein In Hatho Mein
Jeese Padhti Hun Main Subaho Shyam

Hatho Mein In Hatho Mein
Likh Ke Mehndi Se Sajna Ka Naam X2

Yaad Mujhe Jab Unki Aaye
Haay Re Haaye Bada Sataye X2

Dekhoon Soorat Mein
Unki Main Subaho Shyam
Dekho Soorat Mein
Unki Main Subaho Shyam
Hatho Mein In Hatho Mein
Likh Ke Mehndi Se Sajna Ka Naam X2

Ab Uske Bin Laage Na Mann
Woh Jogi Hain Main Hun Jogan
Ab Uske Bin Laage Na Mann
Woh Jogi Hain Main Hun Jogan
Sapane Dekhu Saajan
Ke Subaho Shyam

Sapane Dekhu Saajan
Ke Subaho Shyam
Hatho Mein In Hatho Mein
Likh Ke Mehndi Se Sajna Ka Naam
Likh Ke Mehndi Se Sajna Ka Naam
Hatho Mein In Hatho Mein
Jeese Padhti Hun
Main Subaho Shyam
Jeese Padhti Hun
Main Subaho Shyam
Hatho Mein In Hatho Mein
Likh Ke Mehndi Se Sajna Ka Naam
Likh Ke Mehndi Se Sajna Ka Naam.

MAHI AWAYGA MEI PHULAAN NAAL

Maahi Aavay Ga
Main Phullan Naal Dharti Sajaavan Gi
Onhun Dil Waalay Ranglay Palang Tay Bithaavan Gi
Challanh Gi Pakhiyan
Fer Bada Kujh Kehn Giyan Akhian
Challanh Gi Pakhiyan
Fer Bada Kujh Kehn Giyan Akhian
Maahi Aavay Ga
Main Phullan Naal Dharti Sajaavan Gi
Onhun Dil Waalay Ranglay Palang Tay Bithaavan Gi
Challanh Gi Pakhiyan Fer Bada Kujh Kehn Giyan Akhian
Chalhan Gi Pakhiyan Fer Bada Kujh Kehn Giyan Akhian
Maahi Aavay Ga
Main Phullan Naal Dharti Sajaavan Gi
Ajhay Sochni Aan Ki Ki Gal Kehni Ay
Ajhay Sochni Aan
Ajhay Sochni Aan Ki Ki Gal Kehni Ay
Unnay Takna Tay Hosh Kadon Rehni Ay
Ghund Kadd Kay...
Ghund Kadd Kay Main Aapay Sharmaanvan Gi
Kujh Kehndi Kehndi Chup Kar Jaavangi

Challanh Gi Pakhiyan Fer Bada Kujh Kehn Giyan Akhian
Challanh Gi Pakhiyan Fer Bada Kujh Kehn Giyan Akhian
Maahi Aavay Ga Main Phullan Naal Dharti Sajaavan Gi
Hath Jod Kay Main Unnu Samjhaavan Gi
Hath Jod Kay Main.
Hath Jod Kay Main Unnu Samjhaavan Gi
Mukh Moday Ga Tay Thaa-n Mar Jaavangi
Meray Pyar Diyan.
Meray Pyar Diyan Qasman Uthaavay Ga
Dil Holi Holi Dub Dub Jaavay Ga
Challanh Gi Pakhiyan Fer Bada Kujh Kehn Giyan Akhian
Challanh Gi Pakhiyan Fer Bada Kujh Kehn Giyan Akhian
Maahi Aavay Ga.aa.
Maahi Aavay Ga.aa.
Maahi Aavay Ga Main Phullan Naal Dharti Sajaavan Gi
Onhun Dil Waalay Ranglay Palang Tay Bithaavan Gi
Challanh Gi Pakhiyan Fer Bada Kujh Kehn Giyan Akhian X4

MEHENDI RACHEGI TERE HAATH

(MEHNDI RACHE GEA TERE HAATH
DHOLAK BAJAY GEA SAAREE RAAT) X2

JAAKEY TUM SAAJAN KE SAATH
BHOOL NA JAANA YEH DIN RAAT

(TUJH KO DES PIYA KA BHAYAY
TERA PIYA TERE GUN GAYAY) X2

AAYAY KHUSHYON KI BARSAAT
LEYKEY RANGON KI BARSAAT
MEHNDI RACHE GEA TERE HAATH
DHOLAK BAJAY GEA SAAREE RAAT

(KANGNA BAGHON MEIN JO KHANKE
KHOLEY BHED YEH TERE MAN KE) X2

CHAHEY KARO NA KOI BAAT
SAB NEY JAAN LIYAY JAZBAAT
MEHNDI RACHE GEA TERE HAATH
DHOLAK BAJAY GEA SAAREE RAAT

TERA GHOONGAT JO UTHAI
ROOP TERA SEH NA PAI

CHAND KO WHO, BHOOL JAYAY
DEKHE TERA SINGHAAR
TERA GHOONGAT JO UTHAI
ROOP TERA SEH NA PAI
CHAND KO WHO, BHOOL JAYAY
DEKHE TERA SINGHAAR

(TERE MAATHAY KA YEH JHOOMER
BOLAY PIYA KE MAN KO CHOOKER) X2

SAAJAN SUNLO MERI BAAT
JEEWAN BHAR KA HAI YEH SAATH
(MEHNDI RACHE GEA TERE HAATH
DHOLAK BAJAY GEA SAAREE RAAT) X2
JAAKEY TUM SAAJAN KE SAATH
BHOOL NA JAANA YEH DIN RAAT

Mehendi Lagaon Gi Mei Sajna Ke Naam Ki

Yeh mehndi, yeh mehndi mehndi sagadaa di X2

Mehndi lagaoongi main, sajnaa ke naam ki X2
Kuch naa khabar mujhe ab subho shyaam ki
Main sun rahi hoon yeh kaisi sadaaye
Sapnon ka saajan mujhko bulaaye
Mehndi lagaoongi main sajnaa ke naam ki
Kuch naa khabar mujhe ab subho shyaam ki

(Ek baar aaye to samne mere voh
Pehchaan loongi hai mere bas mere voh) X2

Baatein banaaye chaahe koi samjhaaye
Par teri chaahat badlaaye
Hoga sajan tera laakhon mein ek
Anhkiyan teri muskaaye

Chaahe jo bhi ho
Parwah nahin hai mujhe kisi ilzaam ki
Mehndi lagaoongi main sajnaa ke naam ki
Kuch naa khabar mujhe ab subho shyaam ki

Yeh mehndi, yeh mehndi mehndi sagadaa di X2

(Sone ka kangna, sone ka jhumka
Taaron waali bindiya, jaalidaar ghoongta) X2

Sone ka kanga, taaron waali bindiya
Uspe tera sharmaana
Sone ka jhumka, jaalidaar ghoongta,
Karenge sajan ko deewana

Chaahe jo bhi ho
Parwah nahin hai mujhe kisi anjaam ki
Mehndi lagaoongi main sajnaa ke naam ki
Kuch naa khabar mujhe ab subho shyaam ki
Main sun rahi hoon yeh kaisi sadaaye
Sapnon ka saajan mujhko bulaaye
Mehndi lagaoongi main sajnaa ke naam ki
Kuch naa khabar mujhe ab subho shyaam ki

Meri banno ki ayegi baraat

Meri banno ki aayegi baraat
Ke dhol bajao ji
Meri laado ki aayegi baraat
Ke dhol bajao ji
Aaj nachoongi main saari raat
Ke dhol bajao ji
Meri banno ki aayegi baraat
Ke dhol bajao ji
Meri laado ki aayegi baraat
Ke dhol bajao ji
Sajna ke ghar tu jaayegi
Yaad humein teri aayegi x (2)
Jaake piya ke des mein na humko bhulana
Aankh babul teri kyon bhar aayi
Betiyan to hoti hain parayi x (2)
Ab rahegi yeh saiyan ji ke sath
Ke dhol bajao ji
Meri banno ki aayegi baraat
Ke dhol bajao ji
Meri laado ki aayegi baraat
Ke dhol bajao ji
Gajra khila hai baalon mein
Surkhi lagi hai gaalon pe x (2)
Bindiya chamakti maathe pe
Nainon mein kajra
Saja hai tann pe gehna, aaha

Lagi kya khoob tu behna

Khili hothon pe laali

Saje kaanon mein baali

Lagi mehandi dulhania ke hath

Ke dhol bajao ji

Meri banno ki aayegi baraat

Ke dhol bajao ji

Meri laado ki aayegi baraat

Ke dhol bajao ji

Le loon balayein teri sabhi

De doon tujhe main apni khushi x (2)

Maangun dua main rab se yehi tu khush rahe

Koi chaahat rahe na adhoori

Teri saari tamanna ho poori

Maine keh di mere dil ki baat

Meri banno ki aayegi baraat

Ke dhol bajao ji

Meri laado ki aayegi baraat

Ke dhol bajao ji

Aaj nachoongi main saari raat

Ke dhol bajao ji

Meri banno ki aayegi baraat

Ke dhol bajao ji

Meri laado ki aayegi baraat

Ke dhol bajao ji

MERE HAATHOON MEI NAU NAU CHURIYAAN HAIN

Mere haathon mein nau-nau chudiyan hain
Thoda thehro sajan majburiyan hain
Mere haathon mein nau-nau chudiyan hain
Thoda thehro sajan majburiyan hain
Milan hoga abhi ik raat ki duriyan hain
Mere haathon mein nau-nau chudiyan hain
Thoda thehro sajan majburiyan hain
Lambi lambi te kaali kaali raaton mein
Kaahe chudiyan khanakti hain haathon mein
Lambi lambi te kaali kaali raaton mein
Lambi lambi
Kaahe chudiyan khanakti hain haathon mein
Na aana tu nigodi chudiyon ki baaton mein
Lambi lambi te kaali kaali raaton mein

Le ja wapis tu apni barat mundya
Main nahin jana nahin jana tere sath mundya
Le le
Le ja wapis tu apni barat mundya
Main nahin jana nahin jana tere sath mundya
Satayega jagayega tu saari raat mundya
Le ja wapis tu apni barat mundya
Main nahin jana nahin jana tere sath mundya
Aate jaate gali mein mera dil dhadke

MERE PEECHHE PADE HAIN AATH DUS LADKE

AATE JAATE GALI MEIN MERA DIL DHADKE

MERE PEECHHE PADE HAIN AATH DUS LADKE

KAHIN KOI KISI DIN YE SAPERE NAAGIN PHADKE

TERE PEECHHE PADE HAIN AATH DUS LADKE

MERI GHUTNO SE LAMBI HAAYE MERI CHOTI HAI

MERI aaNKH SHATRANJ DI GOTI HAI

MERI GHUTNO SE LAMBI HAAYE MERI CHOTI HAI

MERI aaNKH SHATRANJ DI GOTI HAI

MERE BAABUL NA PHIR KEHNA ABHI TU CHHOTI HAI

TERI GHUTNO SE LAMBI TERI CHOTI HAI

TERI aaNKH SHATRANJ DI GOTI HAI

MERE DARZI SE AAJ MERI JUNG HO GAYI

KAL CHOLI SILAYI AAJ TANG HO GAYI

MERE DARZI SE AAJ MERI JUNG HO GAYI

KAL CHOLI SILAYI AAJ TANG HO GAYI

OE SHAAVAA SHAAVAA

KARE WO KYA TU LADKI THI AB PATANG HO GAYI

TERE DARZI SE AAJ TERI JUNG HO GAYI

MERE SAIYAN KIYA YE BURA KAAM TUNE

KORE KAGAZ PE LIKH DIYA NAAM TUNE

KAHIN KA BHI NAHIN CHHODA MUJHE HAAYE RAAM TUNE

MERE SAIYAN KIYA YE BURA KAAM TUNE

Gali meh aj chaand nikla

(Tum Aaye To Aaya Mujhe Yaad, Gali Mein Aj Chaand Nikla
Jaane Kitne Dinon Ke Baad Gali Mein Aj Chaand Nikla
Jaane Kitne Dinon Ke Baad Gali Mein Aj Chaand Nikla
Gali Mein Aj Chaand Nikla
Gali Mein Aj Chaand Nikla) x2
Tum Aaye To Aaya Mujhe Yaad, Gali Mein Aj Chaand Nikla
Yeh Naina Bin Kaajal Tarse
Baara Mahine Baadal Barse
Suni Rab Ne Meri Fariyaad X2
Gali Mein Aj Chaand Nikla X3

Tum Aaye To Aaya Mujhe Yaad, Gali Mein Aj Chaand Nikla
Aaj Ki Raat Jo Main So Jaati
Khulti Aankh Subah Ho Jaati
Main To Ho Jaati Bas Barbaad
Main To Ho Jaati Bas Barbaad,
Gali Mein Aj Chaand Nikla X3

Jaane Kitne Dinon Ke Baad Gali Mein Aj Chaand Nikla
Maine Tumko Aate Dekha
Apni Jaan Ko Jaate Dekha
Jaane Phir Kya Hua Nahin Yaad
Jaane Phir Kya Hua Nahin Yaad, Gali Mein Aj Chaand Nikla
Gali Mein Aj Chaand Nikla x2
Jaane Kitne Dinon Ke Baad Gali Mein Aj Chaand Nikla ²⁸

Pairoon meh bandhan hai

Pairon mein bandhan hai X2
Payal ne machaya shor
Pairon mein bandhan hai
Payal ne machaya shor
Sab darwaaze kar lo band X2
Dekho aaye aaye chor

Pairon mein bandhan hai
Tod de saare bandhan tu X2

Machne de payal ka shor
Tod de saare bandhan tu
Machne de payal ka shor
Dil ke sab darwaaze khol X2
Dekho aaye aaye chor

Pairon mein bandhan hai
Kahoon main kya, karoon main kya
Sharam aa jaati hai
Na yoon tadpa ki meri jaan
Nikalti jaati hai
Tu aashiq hai mera sachcha
Yakeen to aane de

TERE DIL MEIN AGAR SHAQ HAI
TO BAS PHIR JAANE DE
ITNI JALDI LAAJ KA
GHOONGHAT NA KHOLOONGI
SOCHOONGI PHIR SOCH KE
KAL PARSON BOLOONGI
TU AAJ BHI HAAN NA BOLI
OYE KUDIYE TERI DOLI
LE NA JAAYE KOI AUR

PAIRON MEIN BANDHAN HAI X2
PAYAL NE MACHAYA SHOR
SAB DARWAAZE KAR LO BAND X2
DEKHO AAYE AAYE CHOR
TOD DE SAARE BANDHAN TU
HOYE TOD DE SAARE BANDHAN TU
MACHNE DE PAYAL KA SHOR
DIL KE SAB DARWAAZE KHOL X2
DEKHO AAYE AAYE CHOR
PAIRON MEIN BANDHAN HAI

JINHEIN MILNA HAI KUCHH BHI HO
AJI MIL JAATE HAIN
DILON KE PHOOL TO PATJHAD MEIN BHI
KHIL JAATE HAIN

Zamana doston dil ko deewana kehta hai

Deewana dil zamane ko deewana kehta hai

Le main saiyaan aa gayi

Saari duniya ko chhod ke

Tera bandhan baandh liya

Saare bandhan tod ke

Ek dooje se jud jaayein

Aa hum dono udd jaayein

Jaise sang patang aur dor

Pairon mein bandhan hai x2

Payal ne machaya shor

Sab darwaaze kar lo band x2

Dekho aaye aaye chor

Pairon mein bandhan hai

Tod de saare bandhan tu x2

Machne de payal ka shor

Dil ke sab darwaaze khol X2

Dekho aaye aaye chor

Sab darwaaze kar lo band X2

Dekho aaye aaye chor

Haan dekho aaye aaye chor

Dekho aaye aaye chor

Arre dekho aaye aaye chor

Dheeme dheeme gaon

Dheeme dheeme gaau
Hum dhire dhire gaau
Haule haule gaau tere liye piya

Dheeme dheeme gaau
Dheeme dheeme gaau
Dhire dhire gaau
Haule haule gaau tere liye piya
Gun gun main gaati jaau
Chhun chhun paayal chhanakaau
Sun sun kab se
Dohraau piya piya piya

Gulshan mehake mehake
Ye mann behake behake
Aur tan dehake dehake
Kyun hain bata piya
Mann ki jo haalat hai
Yeh tan ki jo rangat hai ye
Teri mohabbat hai
Yeh piya piya piya
Gun gun main gaati jaau
Chhun chhun paayal chhanakaau
Sun sun kab se
Dohraau piya piya piya

Piya piya o
Jindagi me tu aaya
Toh dhup me mila saaya
Toh jaage nasib mere o
Anahoni ko tha hona
Dhul ban gai hai sona
Aake karib tere o
Pyar se mujhko tune
Chhua hai roop sunehara
Tabse huaa hai
Kahu aur kyaa tujhe
Main piya o o o
Teri nigaahon me hu
Teri hi baahon me hu
Khaabo ki raaho me
Hu piya piya piya
Gun gun main gaati jaau
Chhun chhun paayal chhanakaau
Sun sun kab se
Dohraau piya piya piya
Piya piya o
Maine jo kushi pai
Hai jhumke jo rut aai hai
Badle na rut wo kabhi o
Dil ko devta jo lage
Sar jhuka hai jiske aage

Tute na but wo kabhi o
Kitni hai mithi kitni suhaani
Tune sunaai hai jo kahaani
Main jo kho gayi
Nayi ho gayi o o o
Aankhon me taare chamake
Raaton me juganu damake
Mit gaye nishaan gham
Ke piya piya piya
Gun gun main gaati jaau
Chhun chhun paayal chhanakaau
Sun sun kab se
Dohraau piya piya piya

EK DIN AP YUN HUMKO MILJAYENGE

Ek din aap yun humko mil jayenge
Phool hi phool raahon mein khil jayenge
Maine socha na tha
Ek din aap yun humko mil jayenge
Phool hi phool raahon mein khil jayenge
Maine socha na tha
Ek din zindagi itni hogi haseen
Jhoomega aasman gayegi yeh zameen

Ek din zindagi itni hogi haseen
Jhoomega aasman gayegi yeh zameen
Maine socha na tha
Dil ki daali pe kaliyan si khilne lagi
Jab nigahein nigahon se milne lagi
Dil ki daali pe kaliyan si khilne lagi
Jab nigahein nigahon se milne lagi
Ek din is tarah hosh kho jayenge

Paas aaye to madhosh ho jayenge
Maine socha na tha
Ek din aap yun humko mil jayenge
Phool hi phool raahon mein khil jayenge
Maine socha na tha

Jagmagati huyi jaagti raat hai
Raat hai ya sitaaron ki baraat hai
Jagmagati huyi jaagti raat hai
Raat hai ya sitaaron ki baraat hai
Ek din dil ki raahon mein apne liye
Jal uthenge mohabbat ke itne diye
Maine socha na tha

Ek din zindagi itni hogi haseen
Jhoomega aasman gayegi yeh zameen
Maine socha na tha
Ek din aap yun humko mil jayenge
Phool hi phool raahon mein khil jayenge
Maine socha na tha
Maine socha na tha
Maine socha na tha

Dama dam mast qalandar

O laal meri pat rakhio bala jhoole laalan
Sindri da, sehvan da sakhi shabaaz kalandar Hoye!
Duma dum mast kalandar, ali dum dum de andar
Duma dum mast kalandar, ali da pehla number
O laal meri, ho o laal meri

Chaar charaag tere baran hamesha X3
Panjwa mein baaran aayi bala jhoole laalan,
o panjwa mein baaran
O panjwa mein baaran aayi bala jhoole laalan
Sindri da, sehvan da sakhi shabaaz kalandar Hoye!
Duma dum mast kalandar, ali dum dum de andar
Duma dum mast kalandar, ali da pehla number
O laal meri, ho o laal meri

Hind sind peera teri naubat vaaje X3
Naal vaje ghadiyaal bala jhoole laalan,
o naal vaje
O naal vaje ghadiyaal bala jhoole laalan
Sindri da, sehvan da shaki shabaaz kalandar Hoye!
Duma dum mast kalandar, ali dum dum de andar
Duma dum mast kalandar, ali da pehla number
O laal meri, ho o laal meri

TAALI DE THALLAY

TALI DE THALLAY BE KE HAAN BE KE

O MAHIYA WE MAHIYA

KARIYE PYAR DIYAAN GALAAN

HO KARIYE PYAR DIYAAN GALAAN

TU MERA DARD WANTAWEY HUMNAWEY

MAIN TERAY DARD WATAWAAN

KARIYE PYAR DIYAAN GALAAN

HO KARIYE PYAAR DIYAAN GALAAN

HOOO

TALI TE UTHEY BOOR TALI TE UTHEY

TALI TE UTHEY BOOR MERA MAHI MAIN THO DOOR

OH RAAA OH HAAANNN OH HAAAN

KARIYE PYAR DIYAAN GALAAN

TU MERA DARD WANTAWEY HUMNAWEY

MAIN TERAY DARD WATAWAAN

KARIYE PYAR DIYAAN GALAAN

HO KARIYE PYAAR DIYAAN GALAAN

HOOOOOOOO

TALI DE WICH LIKAAN

MAIN TAINU PAI UDIKAAN

TALI DE WICH LIKAAN

MAIN TAINU PAI UDIKAAN

HOOOOOO AJI HOOO HOOO

KARIYE PYARR DIYAAN GALAAN

KARIYE PYARR DIYAAN GALAAN

HOOOOOOOOOOO

TALI DE UTHEY MOOR TALI DE UTHEY

TALI DE UTHEY MOOR

TERA JAYA NA KOI HOR

OH RAA OH HAAN OH HAAANNNNN

KARIYE PYAAR DIYAAN GALAAN

HO KARIYE PYAAR DIYAAN GALAAN

HOOOOO

TALI DE THALEY BE KE HAAN BE KE

O MAHIYA WE MAHIYA

KARIYE PYAR DIYAAN GALAAN

HOOO KARIYE PYAAR DIYAAN GALAAN

TU MERA DARD WANTAWEY HUMNAWEY

MAIN TERAY DARD WATAWAAN

KARIYE PYAR DIYAAN GALAAN

HO KARIYE PYAAR DIYAAN GALAAN

HOOOO

HAAN KARIYE PYAAR DIYAAN GALAAN

WE KARIYE PYAAR DIYAAN GALAAN

HUN KARIYE PYAAR DIYAAN GALAAN

HOOOOOO

PARDESIYA YEH SACH HAI PIYA

(O PARDESIYA

PARDESIYA YEH SACH HAI PIYA

SAB KEHTE HAIN MAINE TUJHKO DIL DE DIYA) X2

MAIN KEHTI HOON TUNE MERA DIL LE LIYA

PHOOLON MEIN KALIYON MEIN

GAAON KI GALIYON MEIN

HUM DONO BADNAAM HONE LAGE HAIN

NADIYA KINARE PE, CHHAT PE CHAUBAARE PE

HUM MILKE HANSNE RONE LAGE HAIN

SUNKE PIYA, SUNKE PIYA DHADKE JIYA

SAB KEHTE HAIN MAINE TUJHKO DIL DE DIYA

MAIN KEHTI HOON TUNE MERA DIL LE LIYA

HO

HA HA HA HA, HO HO HO HO HO

LOGON KO KEHNE DO KEHTE HI REHNE DO

SACH JHOOTH HUM KYUN SABKO BATAAYEN

MAIN BHI HOON MASTI MEIN TU BHI HAI MASTI MEIN

AA IS KHUSHI MEIN HUM NAACHE GAAYEN

KISKO PATAA KYAA KISNE KIYA

SAB KEHTE HAIN TUNE MERA DIL LE LIYA

SAB KEHTE HAIN MAINE TUJHKO DIL DE DIYA

MERA DIL KEHTA HAI TU DIL MEIN RAHTA HAI

MERI BHI DIL KI KALI KHIL GAYI HAI

Teri tu jaane re maane na maane re
Mujhko meri manzil mil gayi

Tu mil gaya mujhko piya
Sab kehte hain maine tujhko dil de diya
Main kehti hoon tune mera dil le liya
Pardesiya, pardesiya yeh sach hai piya
Sab kehte hain maine tujhko dil de diya
Main kehti hoon tune mera dil le liya

AJ KAL TERE MERE PYAR KE CHARCHAY

AAJ KAL TERE MERE PYAAR KE CHARCHE HAR ZUBAAN PAR
SABKO MAALUM HAIN AUR SABKO KHABAR HO GAYI
AAJ KAL TERE MERE PYAAR KE CHARCHE HAR ZUBAAN PAR
(ACCHA?)
SABKO MAALUM HAIN AUR SABKO KHABAR HO GAYI
(TO KYA?)

AAJ KAL TERE MERE PYAAR KE CHARCHE HAR ZUBAAN PAR
SABKO MAALUM HAIN AUR SABKO KHABAR HO GAYI
HUMNE TO PYAAR MEIN AISA KAAM KAR LIYA
PYAAR KI RAAH MEIN APNA NAAM KAR LIYA
HUMNE TO PYAAR MEIN AISA KAAM KAR LIYA
PYAAR KI RAAH MEIN APNA NAAM KAR LIYA X2

AAJ KAL TERE MERE PYAAR KE CHARCHE HAR ZUBAAN PAR
(ACCHA?)
SABKO MAALUM HAIN AUR SABKO KHABAR HO GAYI
(TO KYA?)

AAJ KAL TERE MERE PYAAR KE CHARCHE HAR ZUBAAN PAR
SABKO MAALUM HAIN AUR SABKO KHABAR HO GAYI

DO BADAN EK DIN, EK JAAN HO GAYE
MANZILEIN EK HUI, HUMSAFAR BAN GAYE

Do badan ek din, ek jaan ho gaye
Manzilein ek hui, humsafar ban gaye X2

Aaj kal tere mere pyaar ke charche har zubaan par
(Accha?)
Sabko maalum hain aur sabko khabar ho gayi
(To kya?)

Aaj kal tere mere pyaar ke charche har zubaan par
Sabko maalum hain aur sabko khabar ho gayi
Kyun bhala hum darein, dil ke maalik hain hum
Har jana mein tujhe apna maana sanam
Kyun bhala hum darein, dil ke maalik hain hum
Har jana mein tujhe apna maana sanam X2

Aaj kal tere mere pyaar ke charche har zubaan par
(Accha?)
Sabko maalum hain aur sabko khabar ho gayi
(To kya?)
(Aaj kal tere mere pyaar ke charche har zubaan par
Sabko maalum hain aur sabko khabar ho gayi) X2

Sajan ji gher aye

(Kab se aaye hain tere dulhe raja
Ab der na kar, jaldi aaja) X2

Ho...ooo...ooo...
(Tere, ghar aaya, main aaya tujhko lene
Dil ke, badle mein, dil ka nazrana dene) X2

Meri har dhadkan kya bole hai
Sun sun sun sun...
Saajan ji ghar aaye X2
Dulhan kyon sharmaaye,
Saajan ji ghar aaye

Ai dil, chalega, ab na koi bahana
Gori, ko hoga, ab saajan ke ghar jaana
Maathe ki bindiya kya bole hai
Sun sun sun sun...
Saajan ji ghar aaye X2
Dulhan kyon sharmaaye,
Saajan ji ghar aaye

Diwaane ki chaal mein
Phas gayee main jaal mein
Ai sakhiyon kaise, bolo bolo

HAAN MUJHPE TO AI DILRUBA
TERI SAKHIYAAN BHI FIDA
YE BOLENGEE KYA, POOCHO POOCHO

(JA RE JA JHOOTHE
TAREEFEIN KYON HAI LOOTE) X2

TERA MASTAANA, KYA BOLE HAI
SUN SUN SUN SUN
SAAJAN JI GHAR AAYE X2
DULHAN KYON SHARMAAYE, HAY
SAAJAN JI GHAR AAYE

NA SAMJHE NADAAN HAI
YEH MERA EHSAAN HAI
CHAHE JO ISKO, KEH DO
KEH DO...

CHEDE MUJHKO JAAN KE
BADLE MEIN EHSAAN KE
DE DIYA DIL ISKO, KEH DO
KEH DO...

TOO YE NA JAANE, DIL TOOTE BHI DIWAANE X2

TERA, DIWAANA, KYA BOLE HAI
SUN SUN SUN

Saajan ji ghar aaye, hay
Saajan ji ghar aaye
Dulhan kyon sharmaaye,
Saajan ji ghar aaye

Mehandi laake...gehane paake X2
Hay roke tu sabko rula ke
Sabere chali jaayegi, tu bada yaad aayegi
Too bada yaad aayegi, yaad aayegi
Mehandi laake...gehane paake X2
Hay roke tu sabko rula ke
Sabere chali jaayegi, tu bada yaad aayegi
Too bada yaad aayegi, yaad aayegi

(Tere, ghar aaya, main aaya tujhko lene
Dil ke, badle mein, dil ka nazrana dene) X2
Meri har dhadkan kya bole hai
Sun sun sun sun

Saajan ji ghar aaye, hay
Saajan ji ghar aaye
Dulhan kyon sharmaaye, hay
Saajan ji ghar aaye

Maine payal hai chankayi

Tune jo payal jo chankayi
Phir kyun aaya na harjayi,
Tune jo payal jo chankayi phir
kyun aaya na harjayi......hoooo

Maine....maine payal hai chankayi ab to aaja tu harjayi
Maine payal hai chankayi ab to aaja tu harjayi,
meri sanson me tu hai basa
o sajana aaja na ab tarsaX2

Maine payal hai chankayi
ab to aaja tu harjayi,
meri sanson me tu hai basa
o sajana aaja na ab tarsa X2

(Chale jab yeh purvayi,
baje dil me shahnayi,
tuhi mere sapno ka o sajna) X2

Maine....maine Chunri hai lehrayi
ab to aaja tu harjayi
meri sanson me tu hai basa
o sajana aaja na ab tarsa X2

TUNE CHUNRI JO LEHRAYI
PHIR KYUN AAYA NA HARJAAYI

(MAIN DIN BHAR SOCH ME DUBUN
MAIN RAAT MAIN JAAGUN NA SOUN
TUHI DIL ME REHTA HAI O SAJNA) X2

MAINE....MAINE CHUDI HAI KHANKAYI
AB TO AAJA TU HARJAYI
MERI SANSON ME TU HAI BASA
O SAJANA AAJA NA AB TARSA X2

TUNE CHUDI JO KHANKAYI
PHIR KYUN AAYA NA HARJAYI
TUNE PAYAL JO CHANKAYI PHIR
KYUN AAYA NA HARJAYI

Chitta kukkar

Chitta kukar banayray tey X2
Kasni dupattay waliyey munda sadqey tere tey X2

Sari khed lakeeran di X2
Gaddi aaye station te akh pich gai weeran di X2

Pipli dian chawan ni X2
Aape hatti doli tor ke ma pay karan duawan ni X2

Kunda lag gaya thaali nu X2
Hattan utte mehndi lag gai ik qismat wal nu X2

Heera lakh sawa lakh da hai X2
Teen walian dian Rab iztan rak tha hai X2

Chitta kukar banayray tey X2
Kasni dupattay waliyey munda sadqey tere tey X2

Maye ni maye mundair pe tere

Maye ni maye mundher pe teri bol raha hain kaaga X2
Jogan ho gayi teri dulari man jogi sang laga

Maye ni maye mundher pe teri bol raha hain kaaga
Jogan ho gayi teri dulari man jogi sang laga

Chan mahiya chan mahiya mere dol sapaiya X2

Chand ki tarah chamak rahi thi us jogi ki kaya
Mere dyare aakar usne pyar ka alag jagaya
Apne tan par bhasma ramaage X2

Sari rain woh jaaga
Jogan ho gayi teri dulari man jogi sang laga

Sun hiriye nach hiriye Nagke rang jama X2

Mannat maangi thi tune ek roz main jaayo bihaayi
Us jogi ke sang meri tu karde ab kudmayi
In haathon mein laga de mehendi X2
Baandh shagun ka dhagaa
Jogan ho gayi teri dulari man jogi sang laga

Maye ni maye mundher pe teri bol raha hain kaaga
Jogan ho gayi teri dulari man jogi sang laga

Palki meh hoke sawar

Koi Rok Sake To Rok Le Main Naachati
Chhan Chhan Chhan Chhan Chhan
(Paalki Mein Ho Ke Savaar Chali Re
Main To Apane Saajan Ke Dwaar Chali Re) X2

Koi Rok Sake To Rok Le Main Naachati
Chhan Chhan Chhan Chhan Chhan
Paalki Mein Ho Ke Savaar Chali Re
Main To Apane Saajan Ke Dwaar Chali Re

Mushkil Se Maine Ye Din Nikaale X2
Chal Tez Chal Tu O Gaadi Waale

Mann Mein Lagi Hai Aisi Lagan
Aisi Lagan Haay Aisi Lagan

Hoke Main Badi Bekaraar Chali Re X2
Main To Apane Saajan Ke Dwaar Chali Re
Paalki Mein Ho Ke Savaar Chali Re
Main To Apane Saajan Ke Dwaar Chali Re

Ho Jaaungi Main Jal Jal Ke Mitti
Maine Piya Ko Likh Di Hai Chitthi X2
Tu Na A Tu Na A Main A Rahi Hoon
Sajan Sajan Sajan

Kar Kar Ke Main Intezaar Chali Re X2
Main To Apane Saajan Ke Dwaar Chali Re
Paalki Mein Ho Ke Savaar Chali Re
Main To Apane Saajan Ke Dwaar Chali Re

Ye Sona Ye Chaandi Ye Heere Ye Moti
Ho Sainya Bina Sainya Bina Sab Kuch Hai
Naam Ka Naam Ka Naam Ka Naam Ka Naam Ka
Ye Mera Joban Joban Joban
Ye Mera Joban Kis Kaam Ka Kis Kaam Ka
Ghoonghat Mein Jale
Kab Tak Birahan Birahan Birahan
Main Sar Se Chunari Utaar Chali Re X2
Main To Apane Saajan Ke Dwaar Chali Re

Koi Rok Sake To Rok Le Main Naachati
Chhan Chhan Chhan Chhan Chhan
Paalki Mein Ho Ke Savaar Chali Re
Main To Apane Saajan Ke Dwaar Chali Re
Paalki Mein Ho Ke Savaar Chali Re
Main To Apane Saajan Ke Dwaar Chali Re X2

BANNO KI SAHELI

BANNO KI MEHNDI KYA KEHNA
BANNO KA JODA KYA KEHNA
BANNO LAGE HAI
PHOOLON KA GEHNA
BANNO KI AANKHEN KAJRARI
BANNO LAGE SABSE PYAARI
BANNO PE JAAON
MAIN VAARI VAARI

HO..
BANNO KI SAHELI RESHAM KI DORI
CHHUP CHHUP KE SHARMAAYE
DEKHE CHORI CHORI
BANNO KI SAHELI RESHAM KI DORI
CHHUP CHHUP KE SHARMAAYE
DEKHE CHORI CHORI

YEH MAANE YA NA MAANE
MAIN TO ISPE MAR GAYA
YEH LADKI HAAY ALLAH
HAAY HAAY RE ALLAH
YEH LADKI HAAY ALLAH
HAAY HAAY RE ALLAH

BABUL KI GALIYAAN

NA CHAD KE JAANA

PAAGAL DEEWANA ISKO SAMJAANA

BABUL KI GALIYAAN

NA CHAD KE JAANA

PAAGAL DEEWANA ISKO SAMJAANA

DEKHO JI DEKHO YEH

TO MERE PEECHE PAD GAYA

YEH LADKA HAAY ALLAH

HAAY HAAY RE ALLAH

YEH LADKA HAAY ALLAH

HAAY HAAY RE ALLAH

LAB KAHE NA KAHE

BOLTI HAI NAZAR

PYAAR NAHIN CHHUPTA

YAAR CHHUPAANE SE

PYAAR NAHIN CHHUPTA

YAAR CHHUPAANE SE

ROOP GHOONGHAT MEIN

HO TO SUHANA LAGE

BAAT NAHIN BANTI

YAAR BATAANE SE

YEH DIL KI BAATEIN

DIL HI JAANE YA JAANE KHUDA

Yeh ladki haay allah
Haay haay re allah
Yeh ladka haay allah
Haay haay re allah

Mangne se kabhi
Haath milta nahin
Jodiyaan banti
Hai pehle se sabki
Jodiyaan banti
Hai pehle se sabki
Oh leke baaraat
Ghar tere aaunga main
Meri nahin yeh
Marzi hai rab ki
Are ja re ja yun jhooti
Muthi baatein na bana

Yeh ladka haay allah
Haay haay re allah
Yeh ladka haay allah
Haay haay re allah

Banno ki saheli resham ki dori
Chhup chhup ke sharmaaye
Dekhe chori chori
Babul ki galiyaan

Na chad ke jaana
Paagal deewana isko samjaana
Yeh maane ya na maane
Main to ispe mar gaya
Yeh ladki yeh ladki haay
Allah haay haay re allah
Yeh ladka haay allah
Haay haay re allah
Yeh ladki haay allah
Haay haay re allah
Yeh ladka haay allah
Haay haay re allah

Dholi taro dhol bajay

Hey kha na na na na khankhanat
Hey ta na na na na tantanat
Ay ja na na na na na janjanat
Chha na na na na na na na
Ji ji ji ji ji hey..haa

Jhananana jhanjhanat
Jhanjhar baaje re aaj
Tanananana tantanat
Manjeera baaje
Ghananana ghanghanat
Gori ke kangana aaj
Chhananana chhanchhanat
Paayal sang baaje
Sar par chunar odhe
Niklegi aaj raadhe

Lehra lehrake gopiyon sang
Kaanha bhi peechhe peechhe
Taang koi kheenche kheenche
Murli se barsaaye nasoor tarang

Dharti aur vo gagan
Jhoomenge sang sang

SABPE CHADHEGA AAJ PREM RANG

RANGEEN GULAAL HOGA

SOCHO KYA HAAL HOGA

NACHENGE PREM ROGI

DUM DUMA DUM DUM

DHAM DHAM DATILAL DATILAL

DHIDKIT DHIDKIT DHILAAL

BAAJE MIRDANG DHANA DHAN

DHAN DHANA DHAN BAAJE

CHHAM CHHAM CHHAM

CHHAMAT JHANJHAR JHAMJHAMAT

GHUNGROO GHAMGHAMAT

CHAMAK CHAM CHAMAKE

HEY BAAJE RE BAAJE RE

BAAJE RE BAAJE RE DHOL BAAJE

HEY HEY..

HEY BAAJE RE BAAJE RE BAAJE RE

DHOLI TARO DHOL BAAJE

DHOL BAAJE DHOL BAAJE DHOL

KI DHAM DHAM BAAJE DHOL

KI DHOLI TARO DHOL BAAJE DHOL

BAAJE DHOL BAAJE DHOL

TO DHAM DHAM BAAJE DHOL

HEY HEY CHHORI BADI ANMOL

Meethe meethe iske bol
Aankhein iski gol gol gol gol
To dham dham baaje dhol
Aankhein iski gol gol gol gol
To dham dham baaje dhol
Haan haan chhora hai natkhat
Bole hai patpat
Arre chhede mujhe bole aise bol
To dham dham baaje dhol

Hey....
Baaje re baaje re baaje re
Dham dham dhol baaje
Dhol baaje dhol baaje dhol
To dham dham baaje dhol
To dham dham dham baaje dhol

Rasiyo ye roop taro chhoo loon zara
Arre na arre haan
Arre haan haan haan haan
Hey...
Raat ki rani jaise roop mera
Mehkasa mehkasa
Mehkasa mehkasa
Udegi mahak mujhe chhoo na tu kyon
Behkasa bahkasa
Behkasa sa sa sa sa

PAAS AAJA MERI RANI

TU NE NAHIN MERI MAANI

KAROONGA MAIN MANMAANI

MAT KAR SHAITANI

ARRE RERERERE..

SARRE RERERE..

PARE RERERE..

KI DHOLI TARO

DHIN DHINAK DHIN

KI DHOLI TARO

DHIN DHINAK DHIN

KI DHOLI TARO

HEY..DHOL BAAJE DHOL BAAJE

DHOL BAAJE DHOL

KI DHAM DHAM BAAJE DHOL

HEY HEY CHHORI BADI ANMOL

MEETHE MEETHE ISKE BOL

AANKHEIN ISKI GOL GOL GOL GOL

TO DHAM DHAM BAAJE DHOL

HO HO HO CHHORA HAI NATKHAT

BOLE HAI PATPAT

CHHEDE MUJHE BOLE AISE BOL

TO DHAM DHAM BAAJE DHOL

DHAM DHAM DHOL BAAJE

DHOL BAAJE DHOL BAAJE DHOL

Ki dham dham baaje dhol
Ki dham dham dham baaje dhol

Hey dham dham dham
Dhol baaje baaje re dhol baaje
Dham dham
Dham dham dham
Dhol baaje baaje re dhol baaje
Dham dham
Hungama hungama
Ho gaya hai hungama
Hungama hungama
Ma ma ma ma re..
Hungama hungama
Ho gaya hai hungama
Hungama hungama
Ma ma ma ma re..
Dham dham dham dhol baaje
Hey baaje
Dham dham dham dhol baaje
Hey baaje re baaje
Dham dham dham dhol baaje
Baaje re dhol baaje
Dham dham
Dham dham
Dham dham
Hey dham dham

HEY DHAM DHAM DHAM DHOL BAAJE

BAAJE RE DHOL BAAJE

DHAM DHAM

DHAM DHAM DHAM DHOL BAAJE

BAAJE RE DHOL BAAJE

DHAM DHAM

GHAR AYA MERA PARDESI

AA AA AA AA AA AA AA AA AA
AA AA AA AA AA AA AA AA AA AA
GHAR AAYA MERA PARDESI
PYAS BUJHI MERI AKHIYAN KI
AA AA AA AA AA AA AA AA AA
AA AA AA AA AA AA AA AA AA AA

TU MERE MANN KA MOTI HAI
INN NAINAN KI JYOTI HAI
YAAD HAI MERE BACHPAN KI
GHAR AAYA MERA PARDESI
AA AA AA AA AA AA AA AA AA
AA AA AA AA AA AA AA AA AA AA

AB DIL TOD KE MAT JANA
ROTI CHHOD KE MAT JANA
KASAM TUJHE MERE ANSUAN KI
GHAR AAYA MERA PARDESI
AA AA AA AA AA AA AA AA AA
AA AA AA AA AA AA AA AA AA AA

AYI MEHNDI KI YEH RAAT

Mehndi Ki Yeh Raat X2
Aai Mehndi Ki Yeh Raat
Hai Laai Sapno'n Ki Baraat
Sajaniya Saajan Kay Hai Saath
Rahay Haathon Mein Aisay Haath
Gori Karat Singhar X4

Baal Baal Moti Chamkaye
Rom Rom Mehka
Maang Sindoor Ki Sundarta Say
Chamkay Chandanwaar
Gori Karat Singhar X2

Mehndi Ki Yeh Raat X2
Aai Mehndi Ki Yeh Raat
Hai Laai Sapno'n Ki Baraat
Sajaniya Saajan Kay Hai Saath
Rahay Haathon Mein Aisay Haath
Gori Karat Singhar X2

Jooday Main Joohi Ki Bheeni
Ba'h Main Haar Singhaar
Kaan Main Jagmag Baali Patta

Galay Main Jugnu Haar
Sandal Aisi Payshani Pay
Bindiya Lai Bahaar
Gori Karat Singhar X2

Aisi Suhani Albeli Si
Mehndi Ki Yeh Raat Ho
Gori Ujlay Chehray
Hansti Aankhain Khushiyon Ki Barsaat
Ho Gori
Kabhi Khuli Kabhi Band Aankhon Main
Kajray Ki Do Dhaar
Gaalon Ki Surkhi Main Jhalkay
Hirday Ka Iqrar
Baalon Main Gajra
Kaanon Main Jhumkay
Chunri Dharidhaar
Gori Karat Singhar X4

Mehndi Ki Yeh Raat X2
Aai Mehndi Ki Yeh Raat
Hai Laai Sapno'n Ki Baraat
Sajaniya Saajan Kay Hai Saath
Rahay Haathon Mein Aisay Haath
Gori Karat Singhar X2

Haathon Ki Ik Ik Choori Main
Mohan Ki Jhankar
Sehanj Chalay Phir Bhi Payal Main
Bolay Pee Ka Pyar
Apnay Aap Darpan Main Dekhay
Aur Sharmaye Naar
Gori Karat Singhar X4

MERE NEHAR SE AJ MUJHE AYA

MERE NEHAR SE AAJ MUJHEY AAYA X2
YEH PEELA JORA, YEH PEELA JORA
YEH HARI HARI CHOORIYAN X2

AB KE PHOOLI BASANT MERI ABBA KE GHAR X2
MERI AMMI NEY AAJ MUJHEY BHEYJA
PYARI AMMA NEY AAJ MUJHEY BHEYJA
YEH PEELA JORA, YEH PEELA JORA
YEH HARI HARI CHOORIYAN X2

AB KE PHOOLI BASANT MERE TAAYA KE GHAR X2
TAAYI AMMA NEY AAJ MUJHEY BHEYJA X2
YEH UBTAN SURMA, YEH UBTAN SURMA
YEH HARI HARI CHOORIYAN X2

AB KE PHOOLI BASANT MERE KHALU KE GHAR X2
PYARI KHALA NEY AAJ MUJHEY BHEYJA X2
YEH PHOOLON KA GEHNA, YEH PHOOLON KA GEHNA
YEH HARI HARI CHOORIYAN X2

AB KE PHOOLI BASANT MERE MAMOO KE GHAR X2
PYARI MAAMI NEY AAJ MUJHEY BHEYJA
MERI MAAMI NEY AAJ MUJHEY BHEYJA
YEH JHOOMAR TEEKA, YEH JHOOMAR TEEKA
YEH HARI HARI CHOORIYAN X2

Hath meh zard rumaal

Haath mein zard rumaal, Bani ka banra X2

Ubtan bheyjoon re, haryalay banay
Ubtan bheyjoon re, bani ke banay
Ubtan bheyjoon re
Ubtan ki khushboo sambhaal
Bani ka banra
Haath mein zard rumaal, Bani ka banra X2

Mehndi bheyjoo re, haryalay banay
Mehndi bheyjoon re, bani ke banay
Mehndi bheyjoon re
Mehdni ki laali sambhaal
Bani ka banra
Haath mein zard rumaal, Bani ka banra X2

Jora bheyjoo re, haryalay banay
Jora bheyjoon re, bani ke banay
Jora bheyjoon re
Joray ki sajhdajh sambhaal
Bani ka banra
Haath mein zard rumaal, Bani ka banra X2

Mathhay te chamkan waal

Mathay tay chamkan waal, meray banray de X4

Lao ni lao ennu shagna'n di mehndi X2
Mehndi karay Hath Laal
Meray Banray Day
Hayee..
Mehndi Karay Hath Laal
Meray Banray Day
Mathay Tay Chamkan Waal, Meray Banray Day X2

Pao Ni Pao Ennu Shagna'n Da Gaana X2
Gaanay Day Rang Nay Kamaal
Meray Banray Day
Hayee..
Gaanay Day Rang Nay Kamaal
Meray Banray Day
Mathay Tay Chamkan Waal, Meray Banray Day X2

Aaiyan Ni Aaiyan Pehnan Mehndi Ley Kay X2
Pehnan Nu Kinnay Nay Khayal
Ni Meray Banray Day
Pehnan Nu Kinnay Nay Khayal
Meray Banray Day
Mathay Tay Chamkan Waal, Meray Banray Day X4

BUMBRO BUMBRO

BUMBRO BUMBRO, SHYAM RANG BUMBRO X2
AAYE HO KIS BAGIYA SE, OH OH TUM
BUMBRO BUMBRO, SHYAM RANG BUMBRO X2
AAYE HO KIS BAGIYA SE, OH OH TUM
BHANWRE O SHYAM BHANWRE, KHUSHIYON KO SAATH LAAYE
MEHNDI KI RAAT MEIN TUM, LEKE SAUGAT AAYE

HO, KAAJAL KA RANG LAAYE, NAZREIN UTAARNE KO
BAAGHON SE PHOOL LAAYE, RASTE SANWAARNE KO
HAAN, KAAJAL KA RANG LAAYE, NAZREIN UTAARNE KO
BAAGHON SE PHOOL LAAYE, RASTE SANWAARNE KO
HAAN MEHNDI KI CHHAON MEIN GEET SUNAYEIN BUMBRO
JHOOME NACHEIN SAAZ GAAYEIN, JASHN MANAYEIN BUMBRO
BUMBRO BUMBRO, SHYAM RANG BUMBRO X2
AAYE HO KIS BAGIYA SE, OH OH TUM

KHIL KHIL KE LAAL HUA MEHNDI KA RANG AISE
GORI HATHELIYON PE KHILTE HO PHOOL JAISE
BUMBRO BUMBRO BUMBRO BUMBRO
AE, KHIL KHIL KE LAAL HUA MEHNDI KA RANG AISE
GORI HATHELIYON PE KHILTE HO PHOOL JAISE
YEH RANG DHOOP KA, YEH RANG CHHAON KA HAI
MEHNDI KA RANG NAHIN, MAA KI DUAAON KA HAI
IS MEHNDI KA RANG HAI SACHCHA, BAAKI SAARE JHOOTE
HAATHON SE AB MEHNDI KA YEH RANG KABHI NA CHHOOTE

O BUMBRO BUMBRO, SHYAM RANG BUMBRO X2
AAYE HO KIS BAGIYA SE, OH OH TUM
BUMBRO BUMBRO, SHYAM RANG BUMBRO X2
AAYE HO KIS BAGIYA SE, OH OH TUM

CHANDA KI PAALKI MEIN DIL KI MURAAD LAYI
JANNAT KA NOOR LEKE MEHNDI KI RAAT AAYI
MEHNDI KI RAAT AAYI
CHANDA KI PAALKI MEIN DIL KI MURAAD LAYI
JANNAT KA NOOR LEKE MEHNDI KI RAAT AAYI
RUKH PE SAHELIYON KE, KHWABON KI ROSHNI HAI
SABNE DUAAYEIN MAANGI, RAB NE KABOOL KI HAI
YEH HAATHON MEIN MEHNDI HAI YA SHAAM KI DAALI, BUMBRO
CHAAND SITAARE REHKAR AAYE, RAAT KI DAALI

OH CHANDA KI PAALKI MEIN DIL KI MURAAD LAYI
JANNAT KA NOOR LEKE MEHNDI KI RAAT AAYI
RUKH PE SAHELIYON KE, KHWABON KI ROSHNI HAI
SABNE DUAAYEIN MAANGI, RAB NE KABOOL KI HAI

YEH HAATHON MEIN MEHNDI HAI YA SHAAM KI DAALI, BUMBRO
CHAAND SITAARE REHKAR AAYE RAAT KI DAALI, BUMBRO
HAAN BUMBRO BUMBRO SHYAM RANG BUMBRO
BUMBRO BUMBRO, SHYAM RANG BUMBRO
AAYE HO KIS BAGIYA SE, OH OH TUM
AAYE HO KIS BAGIYA SE

BUMBRO BUMBRO, OH OH TUM X2
AAYE HO KIS BAGIYA SE
BUMBRO BUMBRO, OH OH
BUMBRO BUMBRO
AAYE HO KIS BAGIYA SE
OH OH TUM
BUMBRO BUMBRO X5

NOTES

NOTES

NOTES

NOTES

NOTES

Printed in Great Britain
by Amazon